Impressum
Verlag: BABADADA GmbH, Nedderfeld 112 , 22529 Hamburg
Geschäftsführer / Verlagsleitung: Harald Hof
Druck: Books on Demand GmbH, In de Tarpen 42, 22848 Norderstedt

Imprint
Publisher: BABADADA GmbH, Nedderfeld 112 , 22529 Hamburg, Germany
Managing Director / Publishing direction: Harald Hof
Print: Books on Demand GmbH, In de Tarpen 42, 22848 Norderstedt, Germany

ቤት-ትምህርቲ

בית ספר

ክፍሊ ክላስ
כיתה
חילק
186/2
ሰሌዳ
לוח
መምህር
מורה
ወረቐት
נייר
ጸሓፊ
כתב
መጽሓፊ
עט
ጣውላ ምጽሓፍ
שולחן עבודה
መስመር
סרגל
መጽሓፍ
ספר
ተመሃራይ
תלמיד

ሳንጣ ትምህርቲ

יִלקוט

ሰፈር ብርዒ

קלמר

ርሳስ

עיפרון

መብልሒ ርሳስ

מחדד

መደምሰሲ

גומי מחיקה

ጥራዝ ስእሊ

חוברת סרטוט

ስእሊ

סרטוט

ብርዒ ቀለም

מברשת

ቦክስ ቀለም

קופסת צבעים

መቐስ

מספריים

መጣበቒ

דבק

ጥራዝ መላመዲ

ספר תרגול

ዕዮ ገዛ

שיעור בית

ቁጽሪ

מספר

ወሰኸ

חיבר

ጎደለ

חיסר

ረብሐ

הכפיל

ደመረ

חישב

A

ፊደል

אות

ABCDEFG
HIJKLMN
OPQRSTU
VWXYZ

ስርዓት ፊደላት

אלפבית

ቃል

מילה

ጽሑፍ

טקסט

ኣንበበ

קרא

ኩርሽ

גיר

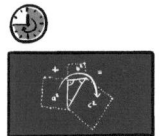

ሰዓት

שיעור

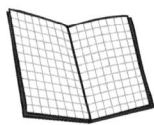

መዝገብ ክላስ

יומן נוכחות

መርመራ

מבחן

ሰርቲፊኬት

תעודה

ድቢዛ ቤትትምህርቲ

תלבושת בית ספר

ትምህርቲ

חינוך

ለክሲኮን

אנציקלופדיה

ዩኒቨርሲቲ

אוניברסיטה

ሚክሮስኮፕ

מיקרוסקופ

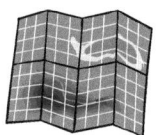

ካርታ

מפה

ጎሓፍ ወረቐት

סל נייר

Grand

መቆበሊ አጋይሽ
מלון

ሆተል
הוסטל

ROOMS

EXCHANGE

ቦታ ቅያር ገንዘብ
המרת מטבע

ባሊጃ
מזוודה

መኪና
אוטו

ቋንቋ

שפה

እወ / ኖ

כן / לא

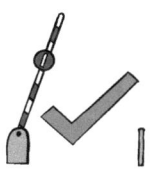

ሕራይ

בסדר

ሰላም

שלום

አስተርጓሚ

מתרגם

የቾንየለይ

תודה

ሽግር

....

בעיה

ኣይተረድኣኹን

....

אני לא מבין

. . . ክንደይ ዋግኡ?

....

כמה עולה.....?

ሰላም ለይቲ

....

לילה טוב!

ከመይ ሓዲርካ

....

בוקר טוב!

ሰላም ምሸት!

....

ערב טוב!

ጕዓዝ

....

כבודה

ኣንፈት

....

כיוון

ደሓን ኩን

....

להתראות

ጋሻ

....

אורח

ሳንጣ ሕቖ

....

תרמיל גב

ሳንጣ

....

תיק

ቴንዳ

....

אוהל

ክሻ መደቀሲ

....

שק שינה

ክፍሊ

....

חדר

ሓበሬታ በጻሕቲ ሃገር

מרכז מידע לתיירים

ገምገም ባሕሪ

חוף ים

ክረዲት ካርድ

כרטיס אשראי

ቁርሲ

ארוחת בוקר

ምሳሕ

ארוחת צהריים

ድራር

ארוחת ערב

ቲከት

כרטיס

ሊፍት

מעלית

ማሕተም ደብዳበ

בול

ዶብ

גבול

ድጓና

מכס

ኣምበሲ

שגרירות

ቪዛ

אשרה

ፓስፖርት

דרכון

መጓዓዝያ

תחבורה

ነፋሪት
מטוס
መርከብ
אונייה
መኪና መጥፍኢ
ሓዊ
כבאית
ናይ ጽዕነት መኪና
משאית
אוטובוס
ጃልባ ሞቶር
סירת מנוע
ብሽግለታ
אופניים
መኪና
אוטו

ፌሪ

....

מעבורת

ጃልባ

....

סירה

ሞቶ

....

אופנוע

መኪና ፖሊስ

....

ניידת משטרה

መኪና ቅድድም

....

מכונית מרוץ

ክራይ መኪና

....

רכב שכור

ምውፋይ መካይን

....

מכוניות בשיתוף

መወሰዲ መኪና

....

אוטו גרר

መኪና ጓሓፍ

....

משאית זבל

ሞቶር

....

מנוע

ነዳዲ

....

דלק

እንዳ ነዳዲ

....

תחנת דלק

ምልክት ትራፊክ

....

תמרור

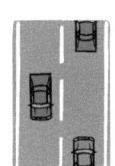

ትራፊክ

....

תנועה

ምጭቕጫቕ ትራፊክ

....

פקק תנועה

መዕሸጊ መኪና

....

חניה

መዕረፊ ባቡር

....

תחנת רכבת

ሓዲግ

....

פסי רכבת

ባቡር

....

רכבת

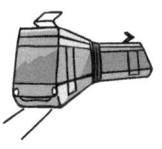

ትረም

....

רכבת קלה

ባጎኒ

....

קרון

ሄሊኮፕተር

....

מסוק

መዓረፊ ነፈርቲ

....

שדה-תעופה

ታወር

....

מגדל

ተጐዓዚ

....

נוסע

ኮንተይነር

....

קונטיינר

ሳንዱቕ ካርቶን

....

קרטון

ኮርሳ ጽዕነት

....

עגלה

ዘንቢል

....

סל

ተበገሰ / ዓለበ

....

המראה / נחיתה

ከተማ

עיר

ቍሸት

....

כפר

ማእከል ከተማ

....

מרכז העיר

ገዛ

....

בית

ሲኒማ / קולנוע

ረክላም / פרסומת

መብራህቲ ጎደና / מנורת רחוב

ጽርግያ / רחוב

ታክሲ / מונית

ባንክ / קיוסק

እግረኛ / הולך רגל

መንገዲ ኣጋር / רציף

መራኸቢ / צומת

ምልክት ዘብራ / מעבר חציה

ሴማፎር / רמזור

ስፈር ጎሓፍ / פח אשפה

ኣጉዶ בקתה	ኣፓርትመንት דירה	መዕረፊ ባቡር תחנת רכבת

ቤት ምምሕዳር עירייה	ቤት መዘከር מוזיאון	ቤት-ትምህርቲ בית ספר

ሆስፒታል

....

בית חולים

ባንክ

....

בנק

ዩኒቨርሲቲ

....

אוניברסיטה

ቤት ጽሕፈት

....

משרד

ቤት መድሃኒት

....

בית מרקחת

መቐበሊ ኣጋይሽ

....

מלון

ዱኳን ዕንባባ

....

חנות פרחים

ዱኳን

....

חנות

ዱኳን መጽሓፍቲ

....

חנות ספרים

ሹቕ

....

כל-בו

ዕዳጋ

....

שוק

ሱፐርማርክት

....

סופרמרקט

መርሳ

....

נמל

ሹቕ

....

קניון

ነጋዳይ ዓሳ

....

מוכר דגים

መዘናግዒ
....
פארק

ባንኪ
....
ספסל

ድልድል
....
גשר

መደያይቦ
....
מדרגות

ባቡር ትሕቲ ምድሪ
....
רכבת תחתית

ቢንቶ
....
מנהרה

መዕረፊ ኣውቶቡስ
....
תחנת אוטובוס

ቤት መስተ
....
בר

ቤት-መግቢ
....
מסעדה

ሰታሪት
....
תא דואר

ታቤላ
....
שלט רחוב

ሰዓት ፓርኪንግ
....
מדחן

መካነ እንስሳታት
....
גן חיות

መሓምበሲ
....
בריכת שחיה

መስጊድ
....
מסגד

ቤት ሕርሻ

....

חווה

ብከላ

....

זיהום

መቓብር

....

בית עלמין

ቤተክርስትያን

....

כנסייה

ቦታ ምጽዋት

....

מגרש משחקים

ቤት መቕደስ

....

בית מקדש

ስእሊ መሬት

נוף

עלה
መሕበሪ መገዲ
תמרור
መገዲ
דרך
מרעה
እምኒ
אבן
ኮብላሊ
מטייל
עץ
ፈለግ
נהר
דשא
ዕንባባ
פרח

ስንጭሮ

בקעה

ጎቦ

הר

ቀላይ

אגם

ዱር

יער

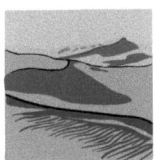

ምድረ በዳ

מדבר

እሳተ-ጎመራ

הר געש

ግምቢ

טירה

ቀስተ-ደመና

קשת בענן

ቃንጥሻ

פטריה

ዓርኮብኮባይ

דקל

ጣንጡ

יתוש

ሃመማ

זבוב

ጻጸ

נמלה

ንህቢ

דבורה

ሳሬት

עכביש

ሕንዚዝ

חיפושית

ዕንቅርዖብ

צפרדע

ምጽጹላይ

סנאי

ቅንፍዝ

קיפוד

ማንቲለ

ארנב

ጉንጓ

ינשוף

ጭሩ

ציפור

ሰዋን

ברבור

መፍለስ

חזיר בר

ዓጋዘን

צבי

ሙስ

אייל הקורא

ግድብ

סכר

ተርባይን ንፋስ

טורבינת רוח

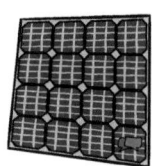

ሶላር ስርሓት

פנל סולארי

ኩነታት ኣየር

אקלים

ቤት-መግቢ

מסעדה

מלצר
ካርታ መግብታት
תפריט
መንበር
כסא
መረቕ
מרק
ፒትሳ
פיצה
סכו"ם
ክዳን ጣውላ
מפת שולחן

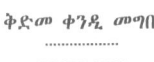

ቅድመ ቀንዲ መግቢ

....

מנת פתיחה

ቀንዲ መኣዲ

....

מנה עיקרית

ድሕረ መግቢ

....

קינוח

መስተ

....

שתיות

መግቢ

....

אוכל

ጥርሙዝ

....

בקבוק

ስሉጥ መግቢ

....

מזון מהיר

መግቢ ጽርግያ

....

אוכל רחוב

ብርጭቆ ሻሂ

....

קנקן תה

ታኒካ ሽኮር

....

מסכרת

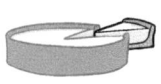

ክፋል

....

מנה

ማሺን ኤስፕረሶ

....

מכונת אספרסו

ነዊሕ መንበር

....

כסא תינוק

ጸብጻብ

....

חשבון

ታብለት

....

מגש

ካራ

....

סכין

ፋርከታ

....

מזלג

ማንካ

....

כף

ማንካ ሻሂ

....

כפית

ሰርቬየተ

....

מפית

ብኬሪ

....

כוס

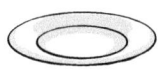

ሸሓኒ
....
צלחת

ሸሓኒ መረቕ
....
קערת מרק

ትሕቲ ኩባያ
....
תחתית

ጸብሒ
....
רוטב

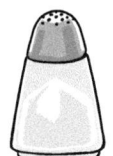

ወሃቢ ጨው
....
מלחייה

መጥሓን በርበረ
....
מטחנת פלפל

ኣቸቶ
....
חומץ

ዘይቲ
....
שמן

ቀመም
....
תבלינים

ከቹፕ
....
קטשופ

ኣድሪ
....
חרדל

ማዩኒዝ
....
מיונז

ሱፐርማርክት

סופרמרקט

እንዳ ስጋ

אטליז

እንዳ ባኒ

מאפייה

ክብደት

שקל

ኣሕምልቲ

ירקות

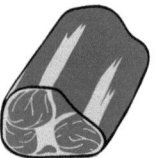

ስጋ

בשר

መግቢ ፍሪጅ በረድ

מזון קפוא

ዝሑል ቅሩብ መግቢ.

בשר קר

እስቃጥላ

שימורים

አሞ

אבקת כביסה

ምቁር መግቢ.

ממתקים

ዘቤታውያን አቕሑ

מוצרי בית

ናውቲ መጽረዪ.

חומר ניקוי

ሸቃጣይ

מוכרת

ካሳ

קופה

ተሓዛ ገንዘብ

קופאי

ዝርዝር ምግዛእ

רשימת קניות

ክፉት ሰዓታት

שעות פתיחה

ማሕፉዳ

ארנק

ክረዲት ካርድ

כרטיס אשראי

ሳንጣ

תיק

ፌስታል

שקית ניילון

መስተ
שתיות

ማይ

מים

ጽማቕ

מיץ

ጸባ

חלב

ኮላ

קולה

ነቢት

יין

ቢራ

בירה

ኣልኮል

אלכוהול

ካካው

קקאו

ሻሂ

תה

ቡን

קפה

ኤስፕረሶ

אספרסו

ካፑቺኖ

קפוצ'ינו

ኣራንሺ

תפוז

ቱፋሕ

תפוח

ባናና

בננה

ካሮት

גזר

ለሚን

לימון

ብርጭቕ

אבטיח

ሽጉርቲ

בצל

ባምቡስ

במבוק

ጻዕዳ ሽጉርቲ

שום

ፓስታ

אטריות

ፉል

אגוזים

ቅንጥሻ

פטריות

ስፓገቲ

ספגטי

ሩዝ

אורז

ሰላጣ

סלט

ቅልዋ ድንሽ

צ'יפס

ቅሉው ድንሽ

צ'יפס

ፒትሳ

פיצה

ሃምቡርገር

המבורגר

ፓኒኖ

כריך

ቢስተካ

שניצל

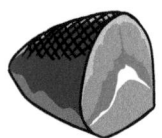

ሰለፍ ሓሰማ

שינקין

ሳላሚ

סלאמי

ግዕዝም

נקניקיה

ደርሆ

עוף

ቀለወ

טיגון

ዓሳ

דג

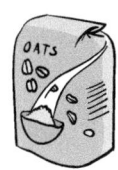

ገዓት

....

שיבולת שועל

ሙስሊ

....

מוזלי

ኮርንፍለይክስ

....

קורנפלקס

ሓርጭ

....

קמח

ክሮሶን

....

קרואסון

ባኒ

....

לחמנייה

ባኒ

....

לחם

ቶስት

....

טוסט

ብሽኮቲ

....

עוגיות

ጠስሚ

....

חמאה

ርግኦ

....

גבינה לבנה

ፓስተ

....

עוגה

እንቋቍሖ

....

ביצה

ቅሉው እንቋቍሖ

....

ביצת עין

ፎርማጆ

....

גבינה

አይስ ክሪም

גלידה

ሽኮር

סוכר

መዓር

דבש

ጃም

ריבה

ኑጋት-ክሪም

ממרח נוגט

ከሪ

קארי

ቤት ሕርሻ
בית חווה

ሓሰር ቦንዳ
חבילת שחת

መኽዘን
מ סO

ግራት
שדה

ፈረስ
OIO

ተስሓቢ
עגלת נגרר

ትራክተር
טרקטור

ዒሉ
סייח

አድጊ
חמור

በጊዕ
כבש

ዕየት
טלה

ጤል
....
עז

ብዕራይ
....
פרה

ም'ራኽ
....
עגל

ሓሰማ
....
חזיר

ውላድ ሓሰማ
....
חזרזיר

ኣርሓ
....
שור

ዓዓ

....

אווז

ማይ ደርሆ

....

ברווז

ጫቑት

....

אפרוח

ደርሆ

....

תרנגולת

ኣርሓ ደርሆ

....

תרנגול

ኣንጨዋ ዓባይ

....

חולדה

ድሙ

....

חתול

ኣንጭዋ

....

עכבר

ብዕራይ

....

שור

ከልቢ

....

כלב

ኣጉዶ ከልቢ

....

מלונה

ቱባ ጀርዲን

....

צינור השקיה

መዝፈፊ ማይ

....

קנקן מים

ዓቢ ማዕጺድ

....

חרמש

ማሕረሻ

....

מחרשה

ማዕጺድ

מגל

ጭኽሮ

מגרפה

መስአ

קלשון

ፋስ

גרזן

ዓረብያ ኢድ

מריצה

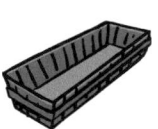

ጋብላ

שוקת

ብርጭቆ ጸባ

כד חלב

ክሻ

שק

ሓጹር

גדר

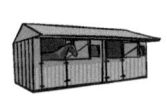

መጓሰስ

אורווה

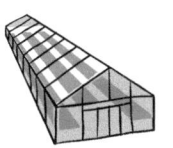

ቐጠልያ ገዛ

חממה

ባይታ

אדמה

ዘርኢ

זרע

ድኹዒ

דשן

ዘጣምር ቀውዓይ

מקצרה

ቀውዕ

קצר

ጻማ

קציר

ድንሽ ያም

בטטה אפריקנית

ስርናይ

חיטה

ሶያ

סויה

ድንሽ

תפוח אדמה

ዕፉን

תירס

ራፕስ

קנולה

ገረብ ፍረታት

עץ פירות

ማኒኦክ

קסבה

ኣእኽል

דגנים

מፅ·ጽኡ ትኪ
ארובה

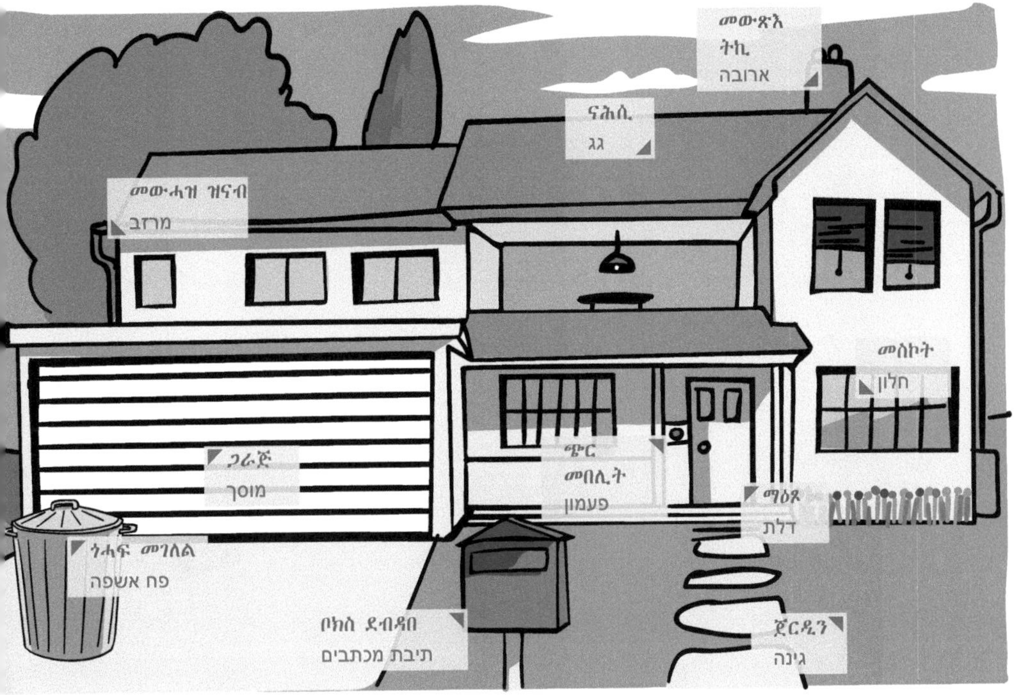

ናሕሲ
גג

መውሓዝ ዝናብ
מרזב

መስኮት
חלון

ጋራጅ
מוסר

ፍር መበሊት
פעמון

ማዕፆ
דלת

ጎሓፍ መገለል
פח אשפה

ቦክስ ደብዳበ
תיבת מכתבים

ጀርዲን
גינה

ክፍሊ ምቕማጥ
סלון

ክፍሊ ባንዮ
חדר אמבטיה

ክሽን
מטבח

ክፍሊ መደቀሲ
חדר שינה

ክፍሊ ቆልዑ
חדר ילדים

መመገቢ ክፍሊ
חדר אוכל

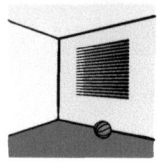

ባይታ

רצפה

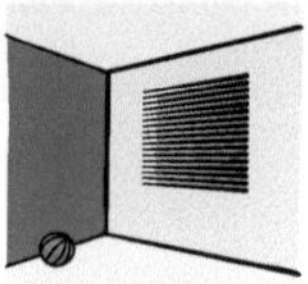

መንደቕ

קיר

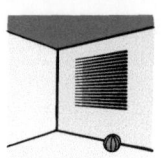

ከቦርታ

תקרה

ካንቲና

מרתף

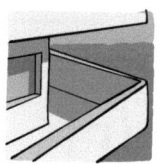

ሳውና

סאונה

ባልኮን

מרפסת

ዛላ

מרפסת

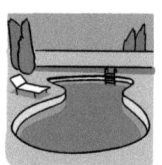

መሕምበሲ

בריכה

መቑረጺ ሳዕሪ

מכסחת דשא

ኣንሶላ ዓራት

סדין

ከቦርታ ዓራት

כיסוי מיטה

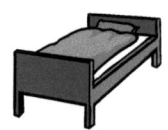

ዓራት

מיטה

መኾስተር

מטאטא

መገለል

דלי

መወልዒት

מפסק

ክፍሊ ምቕማጥ

סלון

ወረቐት መንደቕ
טפט
ስእሊ
תמונה
מנורה
ከብሒ
מדף
ከብሒ
ארון
ተለቪዥን
טלוויזיה
መውጽኢ ትኪ ኣብ ገዛ
אח
פרח
כרית
ሳሎን
ספה
אגרטל
ሪሞት
שלט רחוק

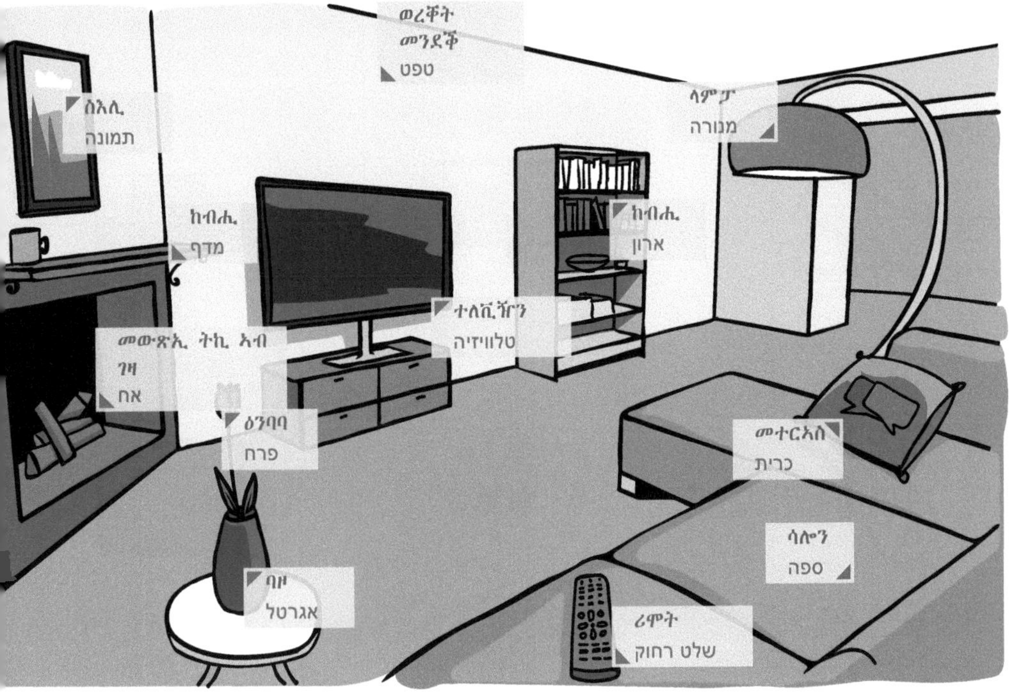

መንጸፍ

שטיח

መጋረጃ

וילון

ጣውላ

שולחן

መንበር

כסא

ሰለል ዝብል መንበር

כיסא נדנדה

መንበር ምቹእ

כורסה

መጽሓፍ

ספר

ከቦርታ

שמיכה

ስልማት

דקורציה

እንጨይቲ ሓዊ

עצי הסקה

ፊልም

סרט

ስተረዮ

מערכת סטריאו

መፍትሕ

מפתח

ጋዜጣ

עיתון

ቕብኣ

ציור

ፖስተር

פוסטר

ረድዮ

רדיו

ጥራዝ

מחברת

መልገሲ ደሮና

שואב אבק

በለስ

קקטוס

ሽምዓ

נר

ክሽነ

מטבח

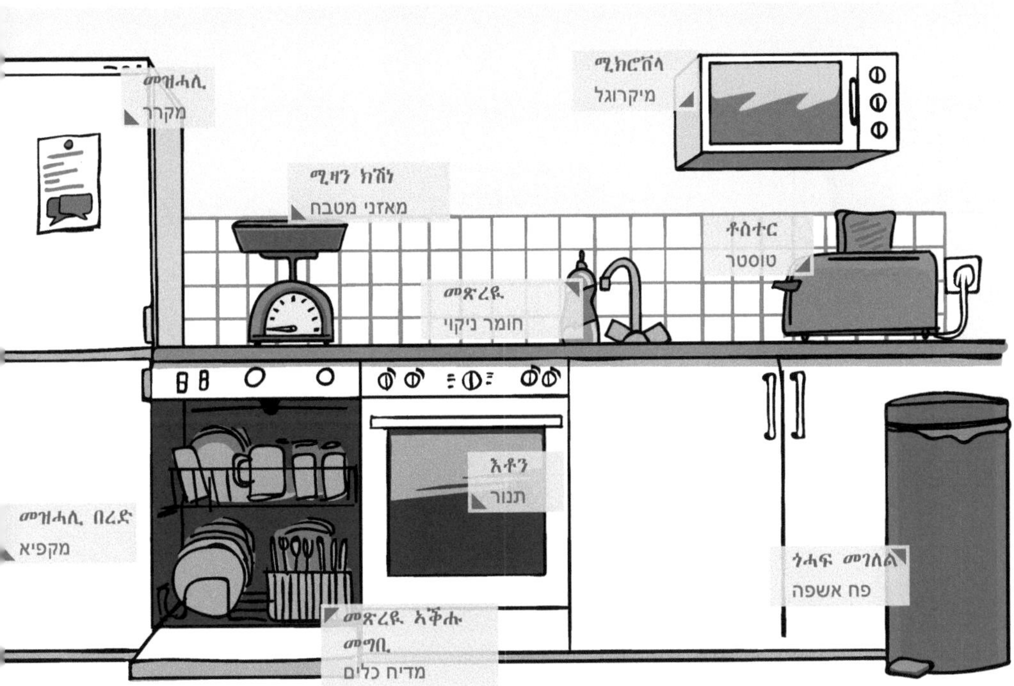

መዝሓሊ
מקרר
ሚክሮቨላ
מיקרוגל
ሚዛን ክሽነ
מאזני מטבח
ቶስተር
טוסטר
መጽረዪ
חומר ניקוי
እቶን
תנור
መዝሓሊ በረድ
מקפיא
ጎሓፍ መገለሊ
פח אשפה
መጽረዪ ኣቕሑ መግቢ
מדיח כלים

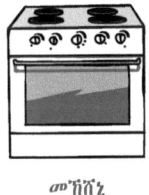

መኽሸኒ

תנור

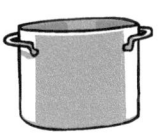

ድስቲ

סיר

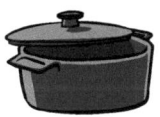

ድስቲ ሓጺን

סיר ברזל

ቨክ/ካዳይ

ווק

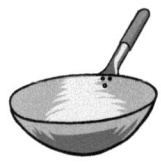

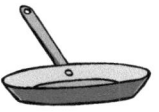

ባደላ

מחבת

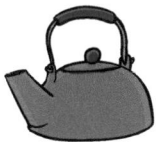

መውዓዪ ማይ

קומקום חשמלי

መፍልሒ

....

מאדה

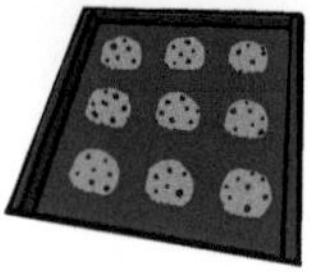

ጓንቴራ ምስንካት

....

מגש אפייה

ኣቕሑ መግቢ

....

כלי אוכל

ብርጭቆ

....

ספל

ጭሖሎ

....

קערה

ማንካቺና

....

צ'ופסטיקס

ማንካ መረቕ

....

מצקת

መገልበጢ ባደላ

....

מרית

መኾስተር ውርጪ

....

מטרפה

መንፊት መግቢ

....

מסננת בישול

መንፊት

....

מסננת

መፋሕፍሒ

....

מגרדת

ሞርታር

....

מכתש

ባርቢክዩ

....

גריל

ስፍራ ሓዊ

....

מדורה

እንጨይቲ ምምታር

....

קרש חיתוך

እንጨይቲ ኰረር

....

מערוך

መኽፈት ቡሽ

....

פותחן פקקים

ታኒካ

....

פחית

መኽፈቲ ታኒካ

....

פותחן קופסאות

ጨርቂ ድስቲ

....

מטלית

ቡምባ

....

כיור

ኣስባስላ

....

מברשת

ሰፍነግ

....

ספוג

ሓዋሲ ኣደባላቒ

....

בלנדר

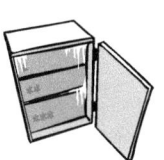

መዝሓሊ በረድ

....

מקפיא

ጥርሙዝ ማማይ

....

בקבוק לתינוק

ቡምባ ማይ

....

ברז

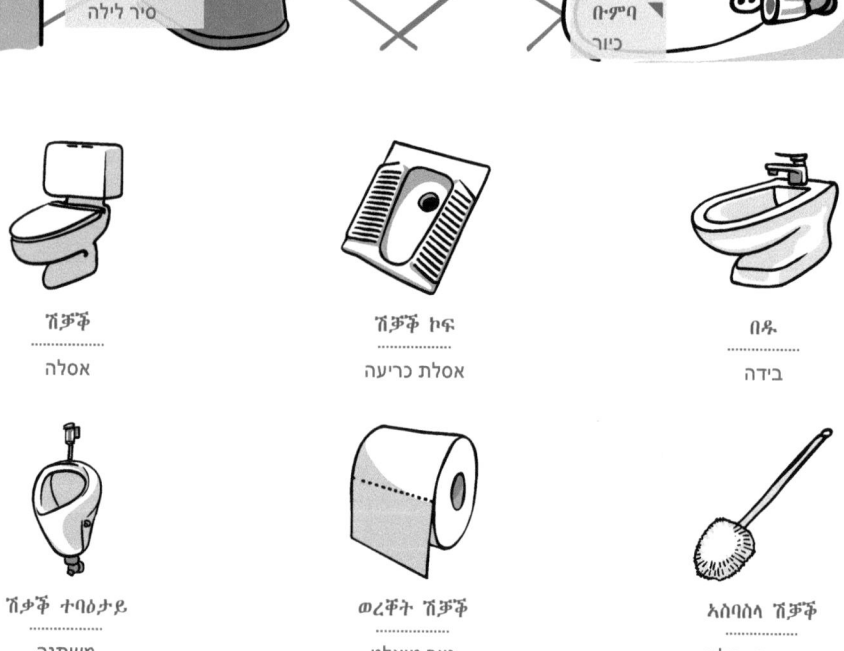

ክፍሊ ባንዮ

חדר אמבטיה

መውዓዪ
חימום
መሕጸቢ ሻወር
מקלחת
מגבת
ሻወር መጋረጃ
וילון מקלחת
መሕጸቢ ዓፍራ
אמבטיית קצף
אמבטיה

ሽቓቕ

אסלה

ሽቓቕ ኮፍ

אסלת כריעה

በዱ

בידה

ሽቓቕ ተባዕታይ

משתנה

ወረቐት ሽቓቕ

נייר טואלט

ኣስባስላ ሽቓቕ

מברשת אסלה

ሃሪ ስኒ

חוט דנטלי

ክረማ ስኒ

משחת שיניים

ኣስባስላ ስኒ

מברשת שיניים

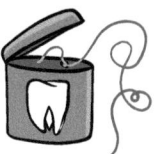

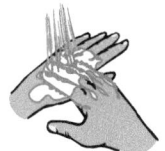

ዱሽ

צינור שטיפה לשירותים

ዱሽ ኢድ

מקלחת יד

ሓጸበ

שטף

ሳምና

סבון

ኣስባስላ ሕቖ

מברשת גב

ብርጭቆ ምሕጻብ

קערת רחצה

ጨርቂ መሕጸቢ

ליפה

ሻምፑ

שמפו

ሻወር ጀል

ג'ל רחצה

ደዮ ጨና

דיאודורנט

ክረማ

קרם

መውሓዚ

ניקוז

መስትያት

....

מראה

ናይ ኢድ መስትያት

....

מראת יד

መላጸ

....

סכין גילוח

ዓፍራ ምልጻይ

....

קצף גילוח

ጨና ድሕሪ ምልጻይ

....

אפטרשייב

መመሸጥ

....

מסרק

ኣስባስላ

....

מברשת

መንቐጺ ጸግሪ

....

מייבש שיעור

ስፕረይ ጸግሪ

....

ספריי לשיער

መመላኽዒ

....

איפור

ብርዒ ቀለም ከንፈር

....

שפתון

ኣዝማልቶ

....

לק

ጸምሪ ጡጥ

....

צמר גפן

መስደዲ ጽፍሪ

....

מספריים לציפורניים

ጨና

....

בושם

ሳንጣ መሕጸቢ
....
תיק כלי רחצה

ድኳ
....
שרפרף

ሚዛን
....
משקל

ክዳን መሕጸቢ
....
חלוק רחצה

ጓንቲ መጻረዪ
....
כפפות גומי

ታምፓን
....
טמפון

ጨርቂ ሰበይቲ
....
תחבושת סניטרית

ሽቓቕ ከሚስትሪ
....
שירותים כימיקליים

ክፍሊ ቆልዑ

חדר ילדים

ኣላርም መተስኢ
שעון מעורר
መጻወቲ እንስሳ
צעצוע חיבוק
መጻወቲ መኪና
מכונית צעצוע
መበሊ
רעשן
ቤት ባምቡላ
בית בובות
ህያብ
מתנה

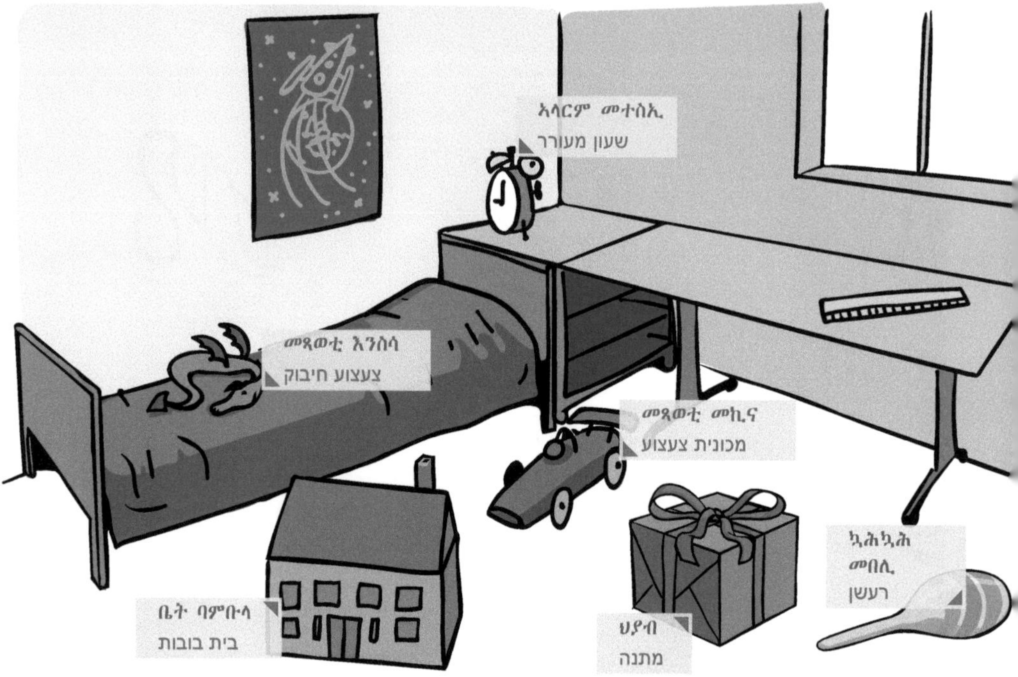

ባላንችና

בלון

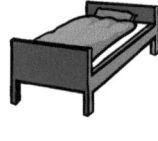

ዓራት

מיטה

ሰረገላ ህጻን

עגלה

ጸወታ ካርታ

משחק קלפים

ሕንቅሊተይ

פאזל

ኮሜዲ

קומיקס

እምንታት መጻወቲ ለጎ

....

לגו

መጻወቲ እምንታት

....

קוביות משחק

በዓል አክቾን

....

דמות משחק

ክዳን ማማይ

....

סרבל תינוקות

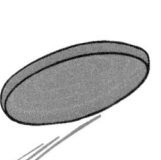

ፍሪስቢ

....

פריזבי

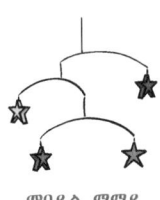

ሞባይል ማማይ

....

נייד

ጸወታ ሰሌዳ

....

משחק לוח

ኩቦ

....

קוביה

ሞደል ባቡር ምድሪ

....

רכבת צעצוע

ዓባስ

....

מוצץ

ፓርቲ

....

מסיבה

መጽሓፍ ስእሊ

....

אלבום תמונות

ኩዕሶ

....

כדור

ባምቡላ

....

בובה

ተጻወተ

....

שיחק

መጻወቲ ሑጻ

ארגז חול

ሰላል

נדנדה

መጻወቲታት

צעצועים

ኮንሶል ቪድዮ

קונסולת משחקים

መጻወቲ ሰለስተ መንኮርኮር

אופניים תלת גלגלי

ተዲ

דובון

ክብሒ ክዳን

ארון בגדים

ክዳን

בגדים

ካልስታት

גרביים

ነዊሕ ካልስታት

גרביונים

ስረ ካልሲ

גרביון

צעיף

מטריה

חולצת טי

חגורה

ረፋዕ
מגפיים

נעלי ספורט

ሸበጥ

סנדלים

ጫማ

נעליים

ረፋዕ ጎማ

מגפי גומי

ሙታንታ

תחתונים

ክዳን ጡብ

חזייה

ትሕተ ካሚቻ

וסט

ጂንስ

ג'ינס

ስረ

מכנסיים

ቦዲ

גוף

ካሚቻ

חולצה

ካምቻ

חולצה מכופתרת

ቀምሽ

חצאית

ጃኬት

בלייזר

ኅልፎ

סווצ׳ר עם קפוצ׳ון

ጉልፎ

אפודה

ክዳን ዝናብ

מעיל גשם

ጁባ

מעיל

ጃከት

ז'קט

ቀምሽ መርዓ

שמלת כלה

ቀምሽ

שמלה

ኮስቱም

תלבושת

ልብሲ

חליפה

ካሚቻ ለይቲ

כותונת לילה

ክዳን ለይቲ

פיג'מה

ሳሪ

סארי

መሃረብ ርእሲ

מטפחת ראש

ቱርባን

טורבן

ቡርካ

בורקה

ካፍታን

קאפטן

አባያ

עבאיה

ክዳን መሕምበሲ

בגד ים

ስረ መሕምበሲ

בגד ים

ሓጺር ስረ

מכנסיים קצרים

ክዳን ታዕሊም

בגד אימון

በጃ ክዳን

סינר

ጓንቲ

כפפות

መልጎም

כפתור

መነጽር

משקפיים

በንናጅር

צמיד יד

ማዕተብ

שרשרת

ቀለበት

טבעת

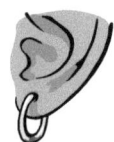

ኩትሻ

עגיל

ቆብዕ

כובע

መንበሪ ጁባ

קולב

ባርኔጣ

כובע

ካርራቫት

עניבה

ሻርኔጣ

רוכסן

ሀልመት

קסדה

መድልደል ስረ

כתפיות

ድቢዛ ቤትትምህርቲ

תלבושת בית ספר

ድቢዛ

מדים

ሰደርያ ቆልዓ
....
מפית אוכל

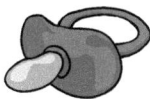

ዓባስ
....
מוצץ

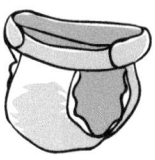

ጨርቂ ማማይ
....
חיתול

ቤት ጽሕፈት

משרד

ሰርቨር
שרת

ከብሒ ሰነድ
תיקייה

ፕሪንተር
מדפסת

ምኒቶር
מסך

ወረቐት
נייר

ጣውላ ምጽሓፍ
שולחן עבודה

አንጭዋ
עכבר

ሓጀሬ
תיק

ኪቦርድ
מקלדת

መንበር
כסא

ጎሓፍ ወረቐት
סל נייר

ኮምፒተር
מחשב

ብርጭቆ ቡን
....
ספל קפה

ካልኩለተር
....
מחשבון

ኢንተርኔት
....
אינטרנט

ለፕቶፕ

מחשב נייד

ደብዳበ

מכתב

መልእኽቲ

הודעה

ሞባይል

נייד

ነትወርክ/መርበብ

רשת

መቕድሒ ፎቶኮፒ

מכונת צילום

ሶፍትዌር

תוכנה

ተለፎን

טלפון

ሶከት ኳረንቲ

שקע

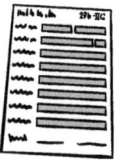

ፋክስ

פקס

ፎርም

טופס

ሰነድ

מסמך

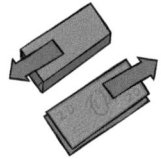

ቍጠባ

כלכלה

ገዝአ

קנה

ከፈለ

שילם

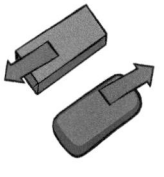

ንግዲ

סחר

ገንዘብ

כסף

ዶላር

דולר

ኦይሮ

יורו

የን

ין

ሩብል

רובל

ስዊዝ ፍራንክን

פרנק שווייצרי

ረንሚንቢ ዩዋን

יואן רנמינבי

ሩፒየ

רופי

መውጽኢ ማሺን ገንዘብ

כספומט

ብሩር

כסף

ወርቂ

זהב

ቦታ ቅያር ገንዘብ

המרת מטבע

ዋጋ

מחיר

ሓይሊ

אנרגיה

ዘይቲ

נפט

እኩብ ጥረ-ነገራት

מנייה

ቀረጽ

מס

ውዕል

חוזה

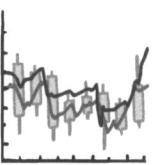

ኣስራሒ

מעסיק

ሰራሕተኛ

עובד

ሰርሐ

עבד

ዱኳን

חנות

ትካል

מפעל

በዓል ፖሊስ
שוטר

መጠፈኢ ሓዊ
כבאי

ከሻኒ
טבח

ሓኪም
רופא

መራሒ ነፋሪት
טייס

ሰራሕተኛ ጀርዲን

גנן

ጸራቢ ዕንጸይቲ

נגר

ሰፋይት

תופרת

ፈራዳይ

שופט

ቀማሚ

כימאי

ተዋሳኢ

שחקן

መራሒ አዉቶቡስ

....

נהג אוטובוס

ኣውቲስታ ታክሲ

....

נהג מונית

ገፋፊ ዓሳ

....

דייג

ጸራጊት

....

עובדת נקיון

ሃናጻይ ናሕሲ

....

מתקן גגות

ኣሰላፊ

....

מלצר

ሃዳናይ

....

צייד

ሰኣላይ

....

צייר

እንዳ ሕብስቲ

....

אופה

ኤለትሪከኛ

....

חשמלאי

ሃናጺ ኣባይቲ

....

עובד בניין

ሃንዳሲ

....

מהנדס

ሰራሕተኛ እንዳ ስጋ

....

קצב

ድራብሊኮ

....

אינסטלטור

ኣማላላሲ ፖስጣ

....

דוור

ወተሃደር

חייל

መሃንድስ

אדריכל

ተሓዝ ገንዘብ

קופאי

ሰራሕተኛ ዕምባባ

מוכר פרחים

ቀምቃማይ

ספר

ፈተሪኖ

כרטיסן

መካኒክ

מכונאי

መራሒ መርከብ

קברניט

ሓኪም ስኒ

רופא שיניים

ተመራማሪ

מדען

ራቢ

רב

ኢማም

אימאם

ፈላሲ

נזיר

ቀሺ

כומר

ናውቲ

כלי עבודה

פטיש
ጉጤት
צבת
ዘዋር መስኒ
מברג
מפתח ברגים
ላምፓዲና
פנס

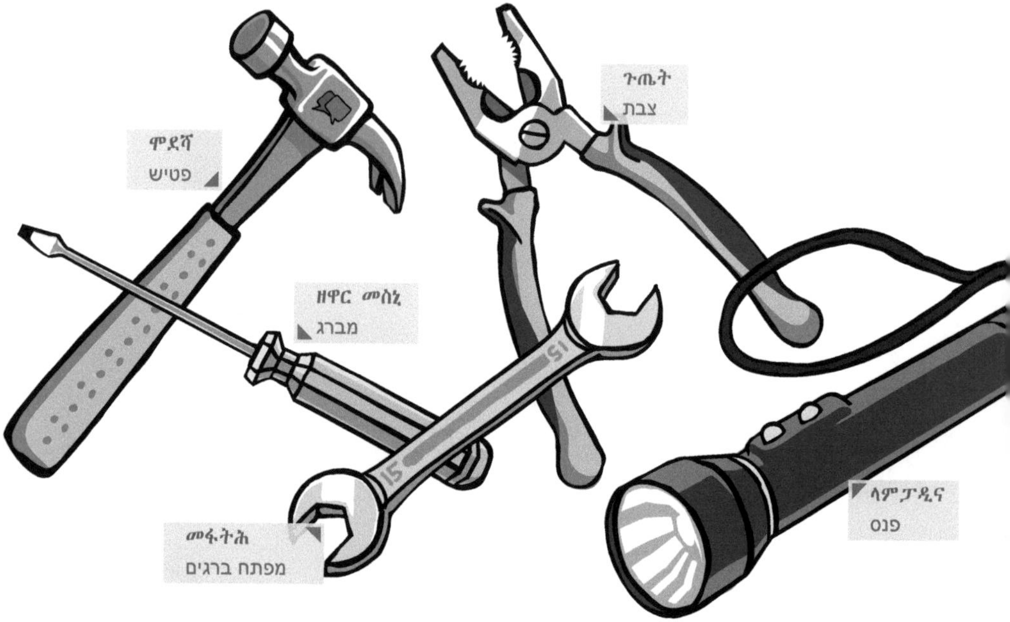

ፈሓሪ

דחפור

ናውቲ ቦክስ

ארגז כלים

መደያይቦ

סולם

መጋዝ

מסור

መስማር

מסמרים

ኰዓቲ

מקדחה

ምዕራይ

תיקון

ባዶላ

את חפירה

አይ!

לעזאזל!

መትሓዚ ዶሮና

יעה

ድስቲ ቀለም

פח צבע

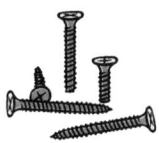

ካቻቢተ

ברגים

መሳርሒ መዚቃ

כלי נגינה

እስፒከር
רמקול

ከበሮታት
מערכת תופים

ጊታር
גיטרה

ረጒድ ዓባይ
ጊታር
קונטראבס

ትሮምፔት
חצוצרה

ፒያኖ

....

פסנתר

ቪዮሊን

....

כינור

ባስ ጊታር

....

בס

ቲምንኢ

....

תוף הדוד

ከቦሮ

....

תופים

ኦርጋን

....

מקלדת פסנתר

ሳክሶፎን

....

סקסופון

ሻምብቆ

....

חליל

ሚክሮፎን

....

מיקרופון

መካነ እንስሳታት

גן חיות

መእተዊ
כניסה
נמר
כלוב
ኣድጊ በረኻ
זברה
መግቢ እንስሳ
מזון לחיות
ፓንዳ
פנדה

እንስሳታት
....
בעלי חיים

ሓርማዝ
....
פיל

ካንጋሩ
....
קנגרו

ሓሪሽ
....
קרנף

ጉሪላ
....
גורילה

ድቢ
....
דוב

ገመል

גמל

ሰገን

יען

ኣንበሳ

אריה

ህበይ

קוף

ፍላሚንጎ

פלמינגו

ሕንጻይ

תוכי

ድቢ በረድ

דוב הקרח

ፐንጉን

פינגווין

ከልቢ ዓሳ

כריש

ጣውስ

טווס

ተመን

נחש

ሓርገጽ

תנין

ሓላዊ ቤት ገርድሽ

שומר גן החיות

ዓሳ ዚምገብ እንስሳ ባሕሪ

כלב ים

ጃጓር

יגואר

ሓጺር ፈረስ

....

סוס פוני

ነብሪ

....

לאופרד

ጉማሪ

....

היפופוטאם

ጂራፍ

....

ג'ירפה

ሊላ

....

נשר

መፍለስ

....

חזיר בר

ዓሳ

....

דג

ጎብየ

....

צב

ዋልሩስ

....

סוס ים

ወኻርያ

....

שועל

ሰስሓ

....

איילה

ናይ አሜሪካ ኩዕሶ እግሪ
פוטבול אמריקאי

ምዝዋር ብሽግለታ
רכיבת אופניים

ተኒስ
טניס

ባስኬትባል
כדורסל

ምሕምባስ
שחיה

ቦክሲንግ
אגרוף

ሖኪ በረድ
הוקי

ኩዕሶ እግሪ
כדורגל

ባድሚንቶን
בדמינטון

እስፖርታዊ ንጥፈታት
אתלטיקה

ኩዕሶ ኢድ
כדור-יד

ስኪ
עשה סקי

ፖሎ
פולו

ንጥፈታት

פעילויות

צחק
ነጠረ
קפץ
חיבק
ከደ
הלך
ደረፈ
שר
ሓለመ
חלם
ጸለየ
התפלל
ሰዓመ
נשק

ጸሓፈ

כתב

ሰኣለ

צייר

ኣርኣየ

הראה

ደፍአ

דחף

ሃበ

נתן

ወሰደ

לקח

ኮነ

....

היה

ገበረ

....

עשה

ኣለወ

....

יש / להיות הבעלים

ሰሓበ

....

משך

ጎየየ

....

רץ

ጠጠው በለ

....

עמד

ሓሰወ

....

שכב

ወደቐ

....

נפל

ሰንደወ

....

זרק

ኮፍ በለ

....

ישב

ሰከም

....

סחב

ተጸበየ

....

חיכה

ተስአ

....

התעורר

ደቀሰ

....

ישן

ተኸድነ

....

התלבש

ረአየ

....

הסתכל ב-

በኸየ

....

בכה

ብኣጻብዑ ደረዘ

....

ליטף

መሸጠ

....

סירק

ተዛረበ

....

דיבר

ተረድአ

....

הבין

ሓተተ

....

שאל

ሰምዐ

....

שמע

ሰተየ

....

שתה

በልዐ

....

אכל

ኣቐመጠ

....

סידר

ኣፍቀረ

....

אהב

ከሸነ

....

בישל

ዘወረ

....

נהג

ነፈረ

....

עף

ኣንበበ

....

קרא

ደመረ

....

חישב

ብመርከብ ገየሸ

....

שט

መርዓወ

....

התחתן

ሰርሐ

....

עבד

ተመሃረ

....

למד

ቀተለ

....

הרג

ጽሬት ኣስናን

....

ציחצח שיניים

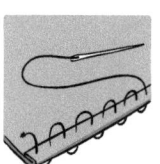

ሰፈየ

....

תפר

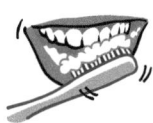

ሰደደ

....

שלח

ሽጋራ ተከኸ

....

עישן

ዓባየ / סבתא

አቦሓጎ / סבא

አቦ / אבא

አደ / אימא

ማማይ / תינוק

ጓል / בת

ወዲ / בן

ጋሻ
......
אורח

ሓትኖ
......
דודה

አኮ
......
דוד

ሓው
......
אח

ሓፍቲ
......
אחות

ኣካላት

גוף

ግንባር
מצח
ዓይኒ
עין
መንኩብ
כתף
ኣጻብዕ
אצבע
ገጽ
פנים
መንከስ
סנטר
ኢድ
כף יד
ኣፍ-ልቢ
חזה
ሽፋን እግሪ
רגל
ምናት
זרוע

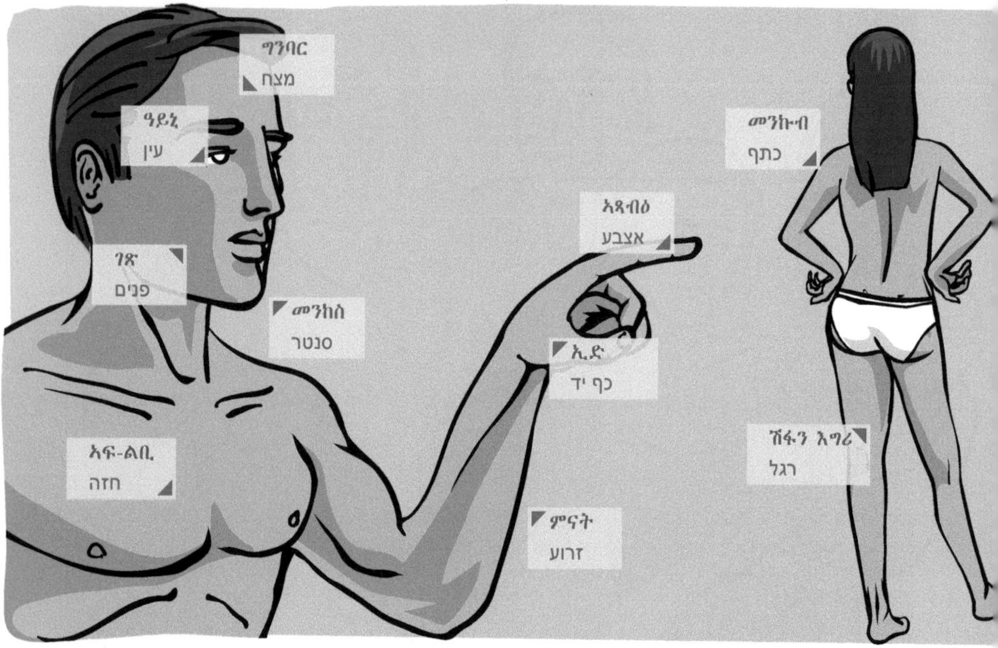

ማማይ

תינוק

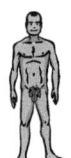

ሰብኣይ

איש

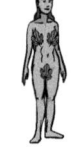

ሰበይቲ

אישה

ጓል

ילדה

ወዲ

ילד

ርእሲ

ראש

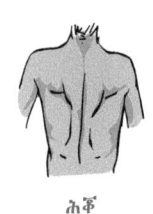

ሕቖ

....

גב

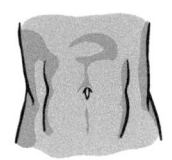

ከስዐ

....

בטן

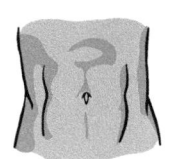

ሕምብርቲ

....

טבור

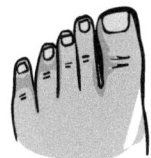

ኣጻብዕ እግሪ

....

אצבע

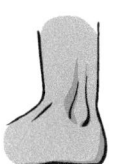

ኩርኹሪ

....

עקב

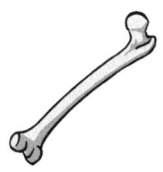

ዓጽሚ

....

עצם

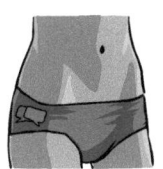

ምሕኩልቲ

....

ירך

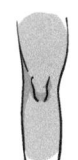

ብርኪ

....

ברך

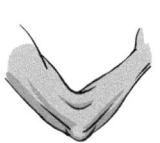

ፎግፎጐ

....

מרפק

ኣፍንጫ

....

אף

መዓኮር

....

עכוז

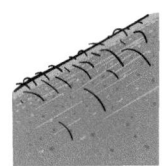

ቆርበት

....

עור

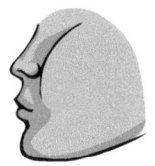

ምዕጉርቲ

....

לחי

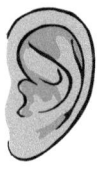

እዝኒ

....

אוזן

ከንፈር

....

שפתיים

አፍ

פה

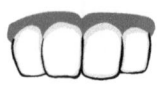

ስኒ

שן

መልሓስ

לשון

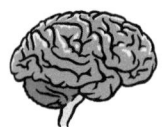

ሓንጎል

מוח

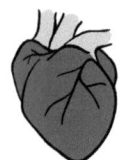

ልቢ

לב

ጭዋዳ

שריר

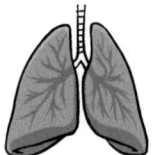

ሳንቡእ

ריאה

ጸላም ከብዲ

כבד

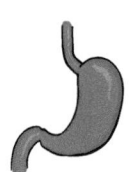

ከብዲ

קיבה

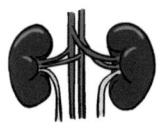

ኩሊት

כליות

ግብረ ስጋ

מין

ኮንዶም

קונדום

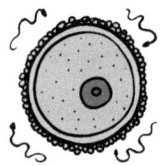

እንቋቑሖ

ביצית

ዘርኢ ተባዕታይ

זרע

ጥንሲ

הריון

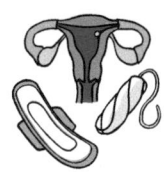

ጽግያት

ווסת

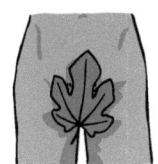

ርሕሚ

נרתיק

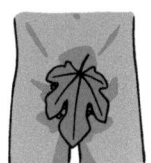

መትሎ

פין

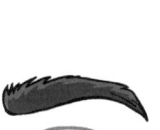

ሽፋሽፍቲ

גבה

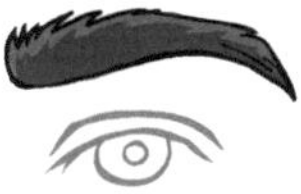

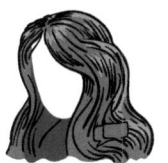

ጸጉሪ

שיער

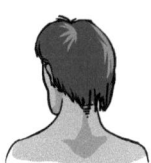

ክሳድ

צוואר

ሆስፒታል
בית חולים

መኪና ኣምቡላንስ
אמבולנס
መንበር ዓረብያ
כיסא גלגלים
ስባር
שבר

ሓኪም
....
רופא

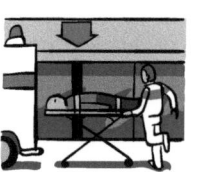

ክፍሊ ህጹጽ ረድኤት
....
חדר מיון

ኣላይት
....
אחות

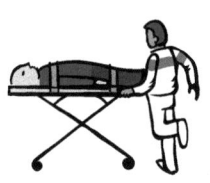

ህጹጽ ኩነት
....
חירום

ውነኡ ዘጥፍአ
....
חסר הכרה

ቃንዛ
....
כאב

ጉድኣት

....

פציעה

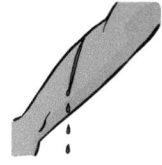

ደም

....

דימום

ማህረምቲ

....

התקף לב

ማህረምቲ

....

שבץ

ኣለርጂ

....

אלרגיה

ሰዓል

....

שיעול

ረስኒ

....

חום

ኢንፍልወንዛ

....

שפעת

ውጽኣት

....

שלשול

ቃንዛ ርእሲ

....

כאב ראש

መንሽሮ

....

סרטן

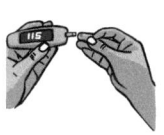

ሹኮርያ

....

סוכרת

ሓኪም መጥባሕቲ

....

מנתח

መጥብሒ

....

אזמל

መጥባሕቲ

....

ניתוח

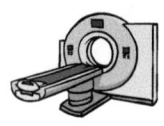

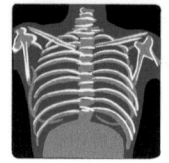

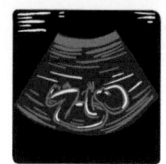

ልዕለ ድምጻዊ

אולטרסאונד

ራጂ

רנטגן

CT

סי-טי

ክፍሊ ምጽባይ

חדר המתנה

ሕማም

מחלה

መሸፈኒ ገጽ

מסיכת פנים

መጀነኒ

תחבושת

መጀነኒ ቍስሊ

פלסטר

ምርኩስ

קבה

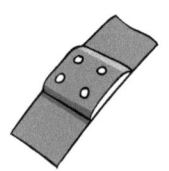

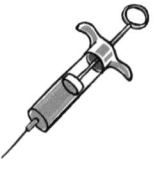

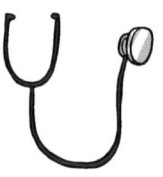

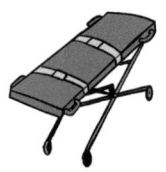

መሰከሚ ሕማም

אלונקה

ስተቶስኮፕ

סטטוסקופ

መርፍዕ ምውጋእ

זריקה

ልዕለ-ሚዛን

עודף משקל

ትውልዲ

לידה

ቴርሞመተር

מד חום

ሓገዝ ምስማዕ

מכשיר שמיעה

ኣንጻሂ

מחטא

ልበዳ

זיהום

ቫይረስ

נגיף

ኤድስ

איידס

ሕክምና

תרופה

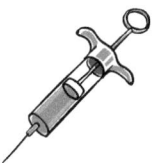

ክታበ

חיסון

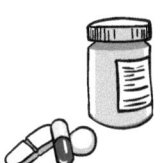

ከኒና

טבליות

ከኒና

גלולה

ህጹጽ ምድዋል

קריאת חירום

መዕቀኒ ጸቕጢ ደም

מד לחץ דם

ሕሙም / ጥዑይ

חולה / בריא

חירום

ሓገዝ

הצילו!

ኣላርም

אזעקה

ምህጃም

פשיטה

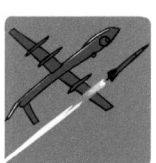

መጥቃዕቲ

תקיפה

ድንገት

סכנה

ህጹጽ መውጽኢ

יציאת חירום

ሓዊ!

אש!

መጥፍኢ ሓዊ

מטף כיבוי

ሓደጋ

תאונה

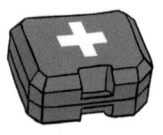

ሳንጣ ቀዳማይ ረድኤት

ערכת עזרה ראשונה

SOS

הצילו!

ፖሊስ

משטרה

ምድሪ

כדור הארץ

ደቡብ ኣመሪካ

....

דרום אמריקה

ሰሜን ኣመሪካ

....

צפון אמריקה

ኤውሮጳ

....

אירופה

ኣውስትራልያ

....

אוסטרליה

ኤስያ

....

אסיה

ኣፍሪቃ

....

אפריקה

ህንዳዊ ዉቕያኖስ

....

האוקיינוס ההודי

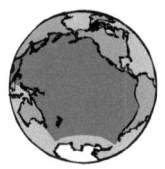

ፓሲፊክ

....

האוקיינוס השקט

ኣትላንቲክ

....

האוקיינוס האטלנטי

ሰሜናዊ ዋልታ

....

הקוטב הצפוני

ኣርክቲካዊ ዉቕያኖስ

....

האוקיינוס הארקטי

ኣንታርቲካዊ ዉቕያኖስ

....

האוקיינוס האנטרקטי

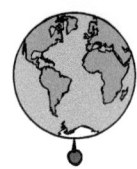

ምድሪ

כדור הארץ

ኣንታርቲካ

אנטארקטיקה

ደቡባዊ ዋልታ

הקוטב הדרומי

ደሴት

אי

ባሕሪ

ים

መሬት

אדמה

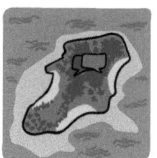

ዓዲ

מדינה

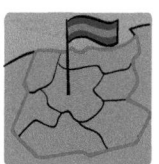

ሃገር

לאום

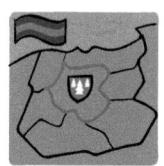

ሰዓት
שעון

ገጽ ሰዓት

פני השעון

ኣመልካቲ ሰዓታት

מחוג השעות

ኣመልካቲ ደቓይቕ

מחוג הדקות

ኣመልካቲ ካልኢት

מחוג השניות

ሰዓት ክንደይ ኣሎ?

מה השעה?

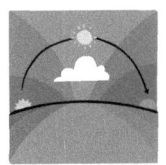

መዓልቲ

יום

ግዜ

זמן

ሕጂ

עכשיו

ዲጂታል ሰዓት

שעון דיגיטלי

ደቒቕ

דקה

ሰዓት

שעה

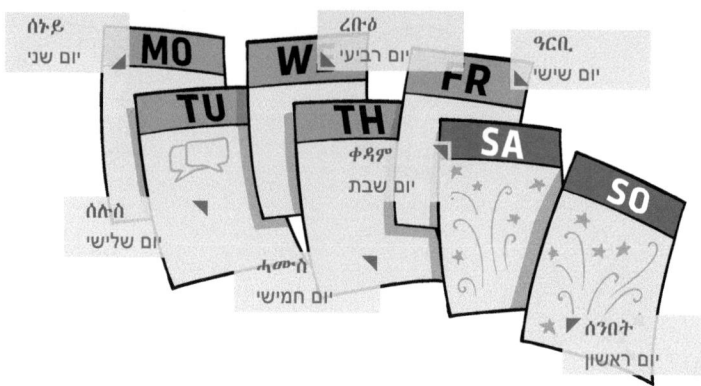

ሰሙን

שבוע

ሰኑይ
יום שני
ሰሉስ
יום שלישי
ረቡዕ
יום רביעי
ሓሙስ
יום חמישי
ዓርቢ
יום שישי
ቀዳም
יום שבת
ሰንበት
יום ראשון

ትማሊ

....

אתמול

ሎሚ

....

היום

ጽባሕ

....

מחר

ንጉሆ

....

בוקר

ቀትሪ

....

צהריים

ምሸት

....

ערב

መዓልታት ስራሕ

....

ימי עבודה

መወዳእታ ሰሙን

....

סוף שבוע

ዓመት
שנה

ቀስተ-ደመና
קשת בענן
ዝናብ
גשם
በረድ
שלג
ንፋስ
רוח
אביב
ቀውዒ
סתיו
ሓጋይ
קיץ
ክረምቲ
חורף

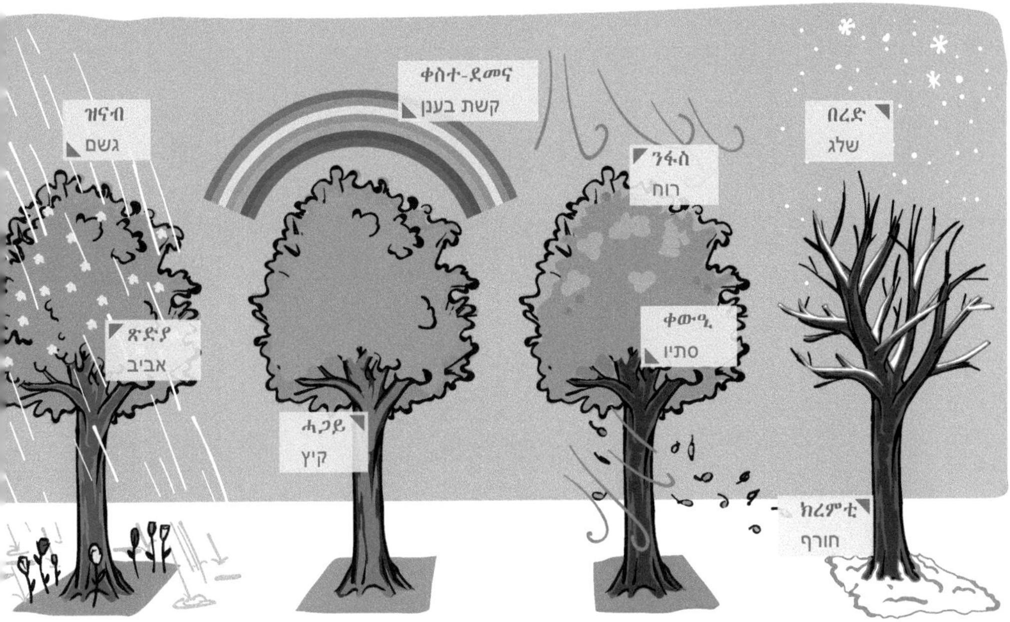

4.APRIL 11°
5.APRIL 4°
6.APRIL 13°
7.APRIL 8°
8.APRIL 10°

ትንቢት ኩነታት ኣየር
....
תחזית מזג האוויר

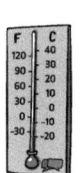

ቴርሞመተር
....
מד חום

ብርሃን ጸሓይ
....
אור שמש

ደበና
....
ענן

ግመ
....
ערפל

ጠሊ
....
לחות

ብርቂ

ברק

ነጐዳ

רעם

ህቦብላ

סערה

በረድ

ברד

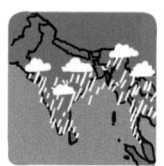

ብርቱዕ ህቦብላ

רוח עונתי

ውሕጅ

שיטפון

በረድ

קרח

ጥሪ

ינואר

ለካቲት

פברואר

መጋቢት

מרץ

ሚያዝያ

אפריל

ጉንበት

מאי

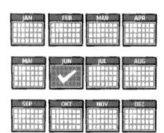

ሰነ

יוני

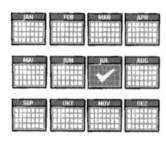

ሓምለ

יולי

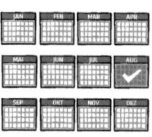

ነሓሰ

אוגוסט

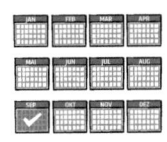

መስከረም

....

ספטמבר

ጥቅምቲ

....

אוקטובר

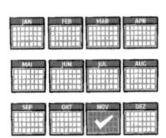

ሕዳር

....

נובמבר

ታሕሳስ

....

דצמבר

ቅርጽታት

צורות

ዙርያ

....

עיגול

ትርብዒት

....

מרובע

ቅኑዕ ርቡዕ ኩርናዕ

....

מלבן

ስሉስ ኩርናዕ

....

משולש

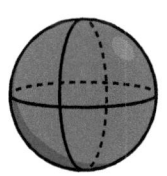

ክቢ

....

כדור

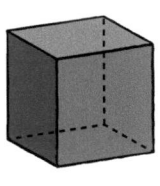

ኩቦ

....

קובייה

ሕብርታት

צבעים

ጻዕዳ

לבן

ብጫ

צהוב

ኣራንሺ

כתום

ፒንክ

ורוד

ቀይሕ

אדום

ጁኽ

סגול

ሰማያዊ

כחול

ቀጠልያ

ירוק

ቡናዊ

חום

ሓሙኽሽታይ

אפור

ጸሊም

שחור

ብዙሕ / ውሑድ

הרבה / מעט

ሕሩቕ / ሰላማዊ

כועס / רגוע

ጽቡቕ / ክፉእ

יפה / מכוער

መጀመርያ / መወዳእታ

התחלה / סוף

ዓቢ / ንእሽቶ

גדול / קטן

ብሩህ / ጸልማት

בהיר / כהה

ሓው / ሓፍት

אח / אחות

ጽሩይ / ርሳሕ

נקי / מלוכלך

ምሉእ / ዘይምሉእ

שלם / חלקי

መዓልቲ / ለይቲ

יום / לילה

ሙዉት / ህልው

מת / חי

ሰፊሕ / ጸቢብ

רחב / צר

ደስ ዘበል / ደስ ዘይብል

אכיל / לא אכיל

እኩይ / ህያዋይ

רשע / טוב לב

ርቡጽ / ስልኩይ

מתרגש / משועמם

ረጊድ / ቀጢን

שמן / רזה

ቀዳማይ / ናይ መወዳእታ

ראשון / אחרון

ዓርኪ / ጸላኢ

חבר / אויב

ምሉእ / ባዶ

מלא / ריק

ተሪር / ልስሉስ

קשה / רך

ከቢድ / ፈኵስ

כבד / קל

ጥምየት / ጽምየት

רעב / צמא

ሕሙም / ጥዑይ

חולה / בריא

ዘይሕጋዊ / ሕጋዊ

בלתי-חוקי / חוקי

መስተውዓሊ / ስዲ

נבון / טיפש

ጸጋም / የማን

שמאל / ימין

ቐረባ / ርሑቕ

קרוב / רחוק

ሓዲሽ / ብሉይ

....

חדש / משומש

ዋላ ሓደ / ገለ

....

כלום / משהו

ዓቢ/ኣረጊት / መንእሰይ

....

זקן / צעיר

ወልዕ / ኣጥፍእ

....

פעיל / כבוי

ክፉት / ዕጹው

....

פתוח / סגור

ህዱእ / ዓው

....

שקט / רועש

ሃብታም / ድኻ

....

עשיר / עני

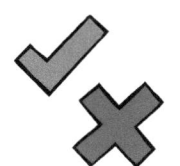

ቅኑዕ / ግጉይ

....

נכון / שגוי

ሓርፋፍ / ልሙጽ

....

מחוספס / חלק

ጉሁይ / ሕጉስ

....

עצוב / שמח

ሓጺር / ነዊሕ

....

קצר / ארוך

ቀስ / ቅልጡፍ

....

איטי / מהיר

ጥሉል / ንቑጽ

....

רטוב / יבש

ምዉቕ / ዝሑል

....

חם / קר

ውግእ / ሰላም

....

מלחמה / שלום

ቁጽርታት

מספרים

0	1	2
ዜሮ	ሓደ	ክልተ
אפס	אחת	שתיים
3	4	5
ሰለስተ	ኣርባዕተ	ሓሙሽተ
שלוש	ארבע	חמש
6	7	8
ሽዱሽተ	ሸውዓተ	ሸሞንተ
שש	שבע	שמונה
9	10	11
ትሽዓተ	ዓሰርተ	ዓሰርተ ሓደ
תשע	עשר	אחת-עשרה

12	13	14
ዓሰርተ ክልተ	ዓሰርተ ሰለስተ	ዓሰርተ ኣርባዕተ
שתים-עשרה	שלוש-עשרה	ארבע-עשרה
15	16	17
ዓሰርተ ሓሙሽተ	ዓሰርተ ሽዱሽተ	ዓሰርተ ሸውዓተ
חמש-עשרה	שש-עשרה	שבע-עשרה
18	19	20
ዓሰርተ ሸሞንተ	ዓሰርተ ትሽዓተ	ዕስራ
שמונה-עשרה	תשע-עשרה	עשרים
100	1.000	1.000.000
ሚእቲ	ሽሕ	ሚልዮን
מאה	אלף	מיליון

ቋንቋታት

שפות

እንግሊዝኛ

....

אנגלית

ኣመሪካዊ እንግሊዛዊ

....

אנגלית אמריקאית

ቻይናዊ ማንዳሪን

....

סינית מנדרינית

ሂንዳዊ

....

הודית

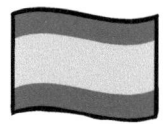

እስጳኛዊ

....

ספרדית

ፈረንሳዊ

....

צרפתית

ዓረባዊ

....

ערבית

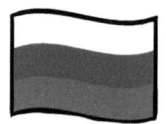

ሩሲያዊ

....

רוסית

ፖርቱጋላዊ

....

פורטוגזית

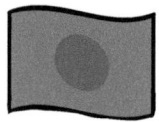

በንጋሊ

....

בנגלית

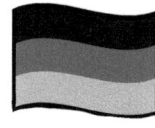

ጀርመናዊ

....

גרמנית

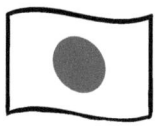

ጃፓናዊ

....

יפנית

መን / እንታይ / ከመይ

מי / מה / איך

ኣነ

אני

ንስኻ/ኺ

אתה / את

ንሱ / ንሳ / ንሱ

הוא / היא / זה

ንሕና

אנחנו

ንስኻ

אתם

ንሳቶም

הם

መን?

מי?

እንታይ?

מה?

ከመይ?

איך?

ኣበይ?

איפה?

መዓስ?

מתי?

ሽም

שם

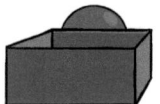

ኣበይ

איפה

ኣብ ቅድሚ

לפני

ኣብ

בתוך

ድሕሪ

מאחור

ትሕቲ ምድሪ

מתחת

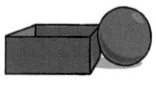

ኣብ ልዕሊ

על

ኣብ ላዕሊ

מעל

ቦታ

מקום

ኣብ መንጎ

בין

ኣብ ጥቓ

ליד